FRENCH PROVINC

Giftwraps by Artists
Geschenkpapier von Künstlerhand
Papiers cadeau d'artistes

A Joost Elffers Book

h.f.ullmann

© 1990 Joost Elffers
A Joost Elffers Book. All rights reserved. No part of the contents of this book may be reproduced without the written permission of the publisher.

Illustrations copyright © 1990 Musée de l'Impression sur Étoffes de Mulhouse, France
All giftwraps and black-and-white illustrations reproduced by permission of the Musée de l'Impression sur Étoffes de Mulhouse, France

© 2011 for this edition Tandem Verlag GmbH
h.f.ullmann is an imprint of Tandem Verlag GmbH

Special edition

Text: J. Jacqué
Translation into German: Brigitte Wünnenberg
Translation into French: Arnaud Dupin de Beyssat
Translation into English: Anthony Zielonka

Editor: Eric Himmel
Designer: Darilyn Lowe

Layout: Yvonne Schmitz
Cover: Simone Sticker

Overall responsibility for production: h.f.ullmann publishing, Potsdam, Germany

Printed in Austria

ISBN 978-3-8331-6322-7

10 9 8 7 6 5 4 3 2 1
X IX VIII VII VI V IV III II I

www.ullmann-publishing.com
newsletter@ullmann-publishing.com

Bibliography • Bibliographie
Albrecht-Mathey Elisabeth: *The Fabrics of Mulhouse and Alsace* 1750–1850. Leigh-on-Sea, England, F. Lewis, 1968.
Clouzot, Henri, and Morris, Frances: *Painted and Printed Fabrics, The History of the Manufactory at Jouy and other Ateliers in France* 1760–1875. New York, The Metropolitan Museum of Art, 1927.

Une Manufacture Alsacienne: La Manufacture Haussmann
Bulletin de la SIM 3, 1988.

The patterns included in this volume are preparatory maquettes, paintings for designs to be printed on fabrics, made with gouache on paper for the Haussmann workrooms at Logelbach near Colmar and preserved at the Musée de l'Impression sur Étoffes in Mulhouse, France, in its documentation center, which is absolutely unique. They were made between 1780 and 1810. They bring to life a fascinating but "little-known" epoch in the history of printed materials.

Let us recall the history of printed calico, which was the name that was given to these textiles. When the maritime route to India was opened, multicolored cotton fabrics from the East, which could withstand washing without fading or running, became the delight of European consumers, who were captivated by the diversity and vividness of their designs. From as early as the seventeenth century these cotton fabrics were the objects of a busy trade, as the different East India companies used them to top off their cargoes of spices and porcelain. European women were wild about them. They draped their beds with

Die Muster dieses Bandes sind Druckvorlagen, in Gouache-Technik auf Papier geschaffene Gemälde für Stoffdruckmuster, angefertigt für die Haussmann-Werkstätten in Logelbach bei Colmar und erhalten im Musée de l'Impression sur Étoffes (Stoffdruck-Museum) in Mulhouse, Frankreich, dessen Dokumentationszentrum einmalig auf der Welt ist. Sie entstammen alle den Jahren 1780 bis 1810. In ihnen wird eine faszinierende, aber wenig bekannte Epoche der Geschichte bedruckter Materialien lebendig.

Wir wollen einen kleinen Streifzug durch die Geschichte des bedruckten Kalikos unternehmen, wie diese Textilien genannt wurden. Mit der Öffnung des Seeweges nach Indien wurden die farbenprächtigen Baumwollstoffe aus dem Orient, die gewaschen werden konnten, ohne auszubleichen oder auszufärben, aufgrund der Vielfalt und Lebhaftigkeit ihrer Muster schnell zu Favoriten der begeisterten europäischen Abnehmer. Bereits im 17. Jh. blühte ein lebhafter Handel mit diesen Baumwollstoffen, da die verschiedenen ostindischen Handelsgesellschaften

Peintures réalisées à la gouache sur papier, les motifs contenus dans ce volume sont les maquettes préparatoires destinées à être imprimées sur étoffes pour les ateliers Haussmann, situés à Logelbach près de Colmar. Ces dessins sont désormais conservés en France dans un lieu unique en son genre: le centre de documentation du Musée de l'Impression sur Étoffes de Mulhouse. Ils ont été réalisés entre 1780 et 1810 et font revivre une période peu connue et pourtant fascinante du tissu imprimé.

Rappelons un peu l'histoire du calicot imprimé, nom donné à l'époque à ces étoffes. Quand la route maritime des Indes fut ouverte, l'arrivée en provenance d'Orient de tissus de coton grand teint, ornés de motifs de couleurs gaies, stables à la lumière et résistantes à l'eau, fit les délices des consommateurs européens, fascinés par leur diversité et leur vivacité. Déjà au XVIIe siècle, ces cotonnades faisaient l'objet d'un commerce intensif, quand les différentes compagnies des Indes orientales les utilisaient pour emballer avec goût leurs cargaisons d'épices et de porcelaines. Ces «indiennes», jetées en guise de couvre-lits, tendues sur les murs ou transformées en robes exotiques, suscitent une extraordinaire passion auprès des dames européennes et deviennent follement à la mode à Versailles, où elles gagnent le cœur de femmes telles que Mme de Sévigné. Connues également sous le nom de «toiles peintes», ces étoffes sont rapidement imitées dans de petites

Left:
The Stages of Work in the Workroom
Fabric printed with copper plates at the Oberkampf workrooms in Jouy-en-Josas in 1783. Drawing by Jean-Baptiste Huet.

Links:
Die Arbeitsschritte in der Werkstatt
Stoffdruck von Kupferplatten, hergestellt in den Oberkampf-Werkstätten in Jouy-en-Josas, 1783. Zeichnung von Jean-Baptiste Huet.

À gauche:
Les Étapes du Travail dans les Ateliers
Tissu imprimé sur plaques de cuivre dans les ateliers d'Oberkampf de Jouy-en-Josas en 1783. Dessin de Jean-Baptiste Huet.

them, covered their walls with them, and used them to make exotic clothes. They became the rage of the court of Versailles, where they won over ladies like Madame de Sévigné. These materials, which were also known as "painted fabrics," were soon being imitated in small workrooms, at first in free ports like Marseilles, then across the south of France, and eventually throughout the country.

The success that imported calicoes enjoyed brought about a crisis in 1686 that lasted for about seventy-five years. Holding painted fabrics and their imitations responsible for a serious depression, Louis XIV, encouraged by the powerful rival industries of wool and silk, prohibited the importation, the wearing, and the imitation of these fabrics throughout France. It was not until 1759 that Louis XV once again authorized their manufacture, thus finally giving every man and woman the freedom to dress according to his or her own taste. During the prohibition this new industry was perfected outside France by Huguenots.

By 1760, workrooms were being set up half over France. One of the most important of these was founded by Christophe-Philippe Oberkampf, who was of German origin, in Jouy-en-Josas, near Versailles. The fabric made in his workrooms became known all over the world

sie nutzten, um mit ihnen ihre Schiffsladungen voll Gewürzen und Porzellan abzurunden. Die europäischen Frauen waren geradezu verrückt nach ihnen: Sie drapierten die Stoffe über ihre Betten, behängten damit ihre Wände und stellten aus ihnen exotische Kleidungsstücke her. Am Hof von Versailles, wo sie Damen wie Madame de Sévigné im Sturm eroberten, wurden sie der letzte Schrei. Schon bald begann man, diese auch „bemaltes Tuch" genannten Stoffe in kleinen Werkstätten zu imitieren – anfangs in Freihäfen wie Marseille, dann im ganzen Süden Frankreichs und schließlich überall im Lande.

Der Erfolg, dessen sich der importierte Kaliko erfreute, führte 1686 zu einer Krise, die fast 75 Jahre dauern sollte. König Ludwig XIV., der die bemalten Stoffe und ihre Imitationen für eine schwere Wirtschaftskrise verantwortlich machte und von der mächtigen Konkurrenz der Woll- und Seidenmanufakturen in dieser Auffassung bestärkt wurde, verbot die Einfuhr, das Tragen und die Nachahmung dieser Stoffe in ganz Frankreich. Erst im Jahre 1759 genehmigte Ludwig XV. wieder ihre Herstellung und gewährte damit endlich jedermann die Freiheit, sich nach eigenem Geschmack zu kleiden. In den Jahren des Verbotes vervollkommneten Hugenotten die neue Industrie außerhalb der französischen Grenzen.

fabriques, d'abord dans les ports francs tels que Marseille, puis dans tout le Sud de la France, enfin, à travers le pays entier.

Le succès remporté par l'importation du calicot fut tel, qu'en 1686, il finit par entraîner une crise qui dura près de 75 ans. Sous la pression appuyée des tisserands et des soyeux rivaux, Louis XIV, qui tenait ces «indiennes» et leurs imitations françaises pour responsables d'une sérieuse récession de la production nationale, interdit dans toute la France, l'importation, l'imitation ainsi que le port du calicot. Il fallut attendre 1759 pour que Louis XV en autorisât à nouveau la fabrication, ce qui permit à chacun, homme ou femme, de s'habiller comme il l'entendait. Pendant cette longue période d'interdiction cette industrie nouvelle n'avait cependant pas périclité et avait été perfectionnée par les huguenots en dehors de France.

En 1760, on comptait déjà de nombreux ateliers un peu partout dans le pays. Un des plus importants d'entre eux fut la manufacture fondée par Christophe-Philippe Oberkampf, allemand d'origine, à Jouy-en-Josas près de Versailles. Le tissu fabriqué dans ses ateliers et bientôt mondialement connu sous le nom de «toile de Jouy» était véritablement une des étoffes les plus fines à avoir été produites au XVIIIe siècle. Même si les toiles qui rendirent Oberkampf célèbre et qui devinrent des grands classiques du tissu d'ameublement, étaient dessinées par des artistes

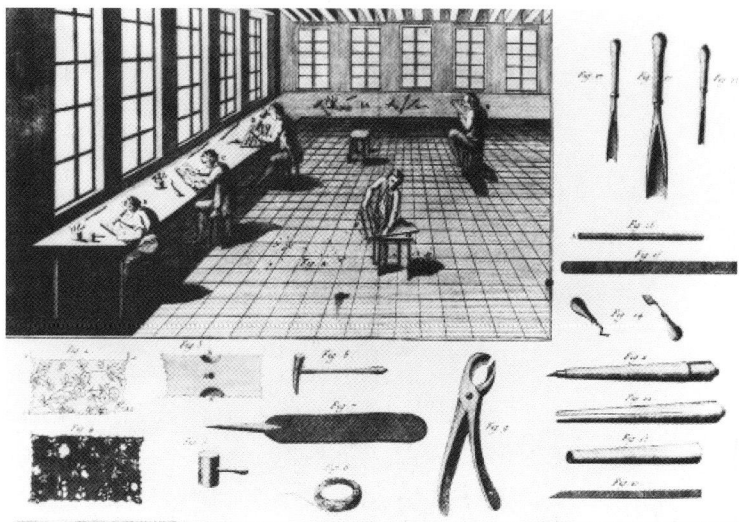

Left: *Engraving Studio*
Plate from an encyclopedia by Roland de la Platière, showing the engraving of wood blocks for textile printing.

Links: *Holzschnitt-Atelier*
Platte aus einer Enzyklopädie von Roland de la Platière, die das Schneiden von hölzernen Druckstöcken für den Textildruck zeigt.

À gauche: *L'Atelier de Gravure*
Planche de l'encyclopédie de Roland de la Platière, montrant la gravure des planches de bois pour l'impression pour textile.

as "toile de Jouy." It is truly one of the finest materials to have been produced in the eighteenth century. Even though the great furnishing fabrics for which Oberkampf was known were designed by famous French artists like the Parisian Jean-Baptiste Huet, the technicians working around Oberkampf were generally German or Swiss. While there were only a few dozen prestigious furnishing fabrics, which were printed with copper plates, tens of thousands of block-printed smaller patterns for dresses and handkerchiefs guaranteed the prosperity of the workrooms. The designers of

Block with relief engraving
Boxwood block, with finer parts of brass wire and spikes, for printing fabrics.

Block mit Hochdruck-Gravur
Druckstock aus Buchsbaumholz, mit Draht und Spitzen aus Messing für feinere Details, zum Bedrucken von Textilien.

Blocs de gravures en relief
Estampe de bois, avec petits morceaux de fil et pointes de cuivre, pour l'impression de tissus.

these generally based their patterns on floral motifs, transformed and adapted to suit their customers, be they French or foreign.

Jouy was by no means the only center of printed calico manufacturing in the second half of the eighteenth century Other textile centers in France were also very active. One of these was the city of Nantes, with its nine workrooms, which, in addition to the large furnishing fabrics, specialized in the manufacture of fabrics that used few colors and were destined for the triangular trade with Africa (finished goods were

Ab 1760 entstanden überall in Frankreich Werkstätten. Der deutschstämmige Christophe-Philippe Oberkampf gründete in Jouy-en-Josas bei Versailles eine der bedeutendsten Manufakturen; die dort hergestellten Stoffe wurden auf der ganzen Welt bekannt als „Jouy-Tuch". Sie zählen zu den schönsten Geweben des 18. Jhs. Auch wenn die großartigen Dekorationsstoffe, für die Oberkampf bekannt war, von berühmten französischen Künstlern wie dem Pariser Jean-Baptiste Huet entworfen wurden, waren die für Oberkampf arbeitenden Techniker durchweg Deutsche oder Schweizer. Während er jedoch von den so hoch geschätzten, mit Kupferplatten bedruckten Dekorationsstoffen nur wenige Dutzend herstellte, garantierten Zehntausende von kleineren, mit Holzblöcken gedruckte Muster für Kleider und Taschentücher das wirtschaftliche Florieren der Werkstätten. Mochten die entwerfenden Künstler nun Franzosen oder Ausländer sein, sie alle griffen auf Blumenmotive zurück, die sie dem Geschmack ihrer Kunden anpassten und entsprechend transformierten.

Jouy war in der zweiten Hälfte des 18. Jhs. keineswegs das einzige Manufakturzentrum für bedruckte Kalikoware. Andere Textilzentren in Frankreich waren nicht weniger produktiv. So zum Beispiel die Stadt Nantes mit ihren neun Werkstätten, die sich neben großformatigen Dekorationsstoffen auf die Herstellung von Geweben spezialisiert hatten, für die nur wenige Farben verwandt wurden und die für den Dreieckshandel mit Afrika bestimmt waren (Fertigwaren wurden in Afrika gegen Sklaven eingetauscht, deren Verkauf in der Neuen Welt wiederum die Einfuhr von Rum und Rohstoffen nach Europa finanzierte). Es sind nur sehr wenige Stücke erhalten, die diese Produktion dokumentieren. In Rouen, einer weiteren wichtigen Manufakturregion für Baumwollgewebe, wurde eine sehr große Zahl von bedruckten Stoffen hergestellt, „Rouennerien" genannt, bei denen jedoch die Quantität häufig die Qualität übertraf.

Der Süden Frankreichs mit dem Freihafen von Marseille und den Werkstätten von Orange unter der Leitung von Jean-Rodolphe Wetter

français accomplis, tels que le parisien Jean-Baptiste Huet, les techniciens qui entouraient Oberkampf étaient généralement allemands ou suisses. Alors qu'il existait seulement une petite douzaine de modèles de dessins prestigieux, destinés au tissu de décoration d'ameublement, dont les impressions étaient réalisées à partir de plaques de cuivre, ce sont les dizaines de milliers de motifs plus petits, destinés aux robes et aux mouchoirs, gravés sur bois, qui garantissent la prospérité des ateliers. Leurs dessinateurs s'inspirent de motifs floraux, transformés et adaptés aux goûts de la clientèle française ou étrangère.

Jouy n'est en aucune façon le seul centre actif de manufacture de calicot imprimé dans la seconde moitié du XVIIIe siècle. D'autres pôles de l'industrie textile en France ont une activité importante. L'un d'entre eux est situé à Nantes, ville qui possède neuf fabriques et qui, en plus de sa forte production de tissus pour décoration d'intérieur, s'est spécialisée dans la fabrication d'étoffes de peu de couleurs, destinées au commerce triangulaire avec l'Afrique (les produits finis étaient troqués en Afrique contre des esclaves, dont la vente dans le Nouveau Monde finançait l'importation de rhum et de matières premières en Europe). Il nous reste peu d'archives textiles témoignant de cette production. À Rouen, autre région importante pour la manufacture des toiles de coton, un nombre important de tissus imprimés appelés les «rouenneries» furent produits, mais l'importance en quantité de cette production eut tendance à faire du tort à la qualité.

Le Sud de la France, avec le port franc de Marseille et les ateliers d'Orange, dirigés par Jean-Rodolphe Wetter, restait une des régions de manufacture de cotons imprimés les plus anciennes, puisque l'édit de Louis XIV interdisant cette production ne concernait pas les ports francs. Ces ateliers étaient devenus tellement réputés que les premières manufactures d'Oberkampf furent surnommées «les tissus d'Orange de Jouy».

Peu d'archives d'étoffes de ces centres ont été conservées. En revanche, une grande partie des tissus fabriqués en Alsace a

bartered in Africa for slaves, whose sale in the New World financed the importation of rum and raw materials into Europe). There are very few pieces left to document this production. In Rouen, another important region for the manufacture of cotton fabrics, a very large number of printed fabrics, called "rouenneries," were produced, but here quantity tended to overshadow quality.

The south of France, with the free port of Marseilles and the workrooms of Orange, directed by Jean-Rodolphe Wetter, was one of the oldest centers of the manufacture of cotton prints as Louis XIV's ban did not extend to the free ports. These workrooms had become so famous that Oberkampf's first fabrics were known as "Orange fabrics from Jouy."

Few textile archives have been preserved in these centers. A large proportion of the fabrics produced in Alsace have, by contrast, been preserved, reflecting a thriving industry.

Mulhouse was the hub of the textile industry in Alsace. It was a small independent Protestant republic allied to the Swiss Confederation, an enclave in the French province of Alsace until it was taken over by France in 1798. In 1746, four young men, Samuel Koechlin, Jean Henri Dollfus, Jean-Jacques Schmaltzer, and Jean-Jacques Feer, set up the first printed cotton workroom in the town. It was an immediate success and led to a proliferation of other

war eines der ältesten Manufakturzentren für Baumwolldrucke, denn der Bann Ludwigs XIV. erstreckte sich nicht auf die Freihäfen. Diese Werkstätten hatten solche Berühmtheit erlangt, dass Oberkampfs erste Stoffe als „Orange-Stoffe aus Jouy" bekannt waren.

In diesen Zentren haben nur wenige Textilarchive die Zeit überdauert – im Gegensatz zu den zahlreichen erhaltenen Stoffen aus dem Elsass, in denen sich das Florieren der dortigen Industrie widerspiegelt.

Das Herz der elsässischen Textilindustrie war Mulhouse, eine kleine unabhängige, protestantische Republik. Sie war verbündet mit der Schweizerischen Eidgenossenschaft, eine Enklave in der französischen Provinz Elsass, bis sie im Jahre 1798 von Frankreich annektiert wurde. 1746 gründeten vier junge Männer, Samuel Koechlin, Jean-Henri Dollfus, Jean-Jacques Schmaltzer und Jean-Jacques Feer, in Mulhouse die erste Werkstatt für bedruckte Baumwolle. Ihr sofortiger Erfolg führte zur Gründung zahlreicher anderer Werkstätten, später regelrechter Textilmühlen; die nachfolgende Blüte der Industrie verwandelte die Stadt und die ländliche Umgebung. 1760 entstanden die ersten Werkstätten außerhalb der Stadtmauern in den Tälern der Vogesen.

In Logelbach, einem Vorort von Colmar, wurde eine der bedeutendsten Werkstätten gegrün-

été conservée, témoignage de la prospérité de cette industrie.

Mulhouse était le pivot de l'industrie textile en Alsace. C'était une petite république protestante indépendante alliée à la confédération helvétique, une enclave dans la province française d'Alsace, jusqu'à ce que la France l'annexe en 1798. En 1746, quatre jeunes hommes, Samuel Koechlin, Jean-Henri Dollfus, Jean-Jacques Schmaltzer et Jean-Jacques Feer, créent le premier atelier de manufacture textile de la ville. C'est un succès immédiat qui entraîne la prolifération d'autres fabriques, suivie plus tard par la création de véritables usines textiles. Le boom industriel que cela génère transforme la ville et la campagne environnante. Dans les années 1760, les ateliers sont installés en dehors de la ville, dans les vallées des montagnes vosgiennes.

Une des plus importantes manufactures se situait à Logelbach, dans la banlieue de Colmar. Elle appartenait aux frères Haussmann, Jean, l'industriel du textile, et Jean-Michel, le chimiste. Avec la fabrique qu'ils avaient ouverte à Rouen en 1775, ils étaient devenus fournisseurs attitrés de Sa Majesté, titre qui les avait suivis à Logelbach, quand ils déménagèrent en 1777. Jean avait appris son métier avec Schulé, un imprimeur allemand sur étoffes, originaire d'Augsbourg, et les deux hommes avaient maintenu entre eux et au sein de leurs ateliers des relations de travail étroites; l'Allemagne fournissait les ouvriers spécialisés; les techniciens, les graveurs et les dessinateurs se mélangèrent à la main-d'œuvre locale française pour former une équipe de première catégorie. Il

Workrooms of the Haussmann brothers in Logelbach (near Colmar)
Drawing by Jean Mieg, lithograph by G. Engelmann, 1822.

Werkstätten der Gebrüder Haussmann in Logelbach (bei Colmar)
Zeichnung von Jean Mieg, Lithografie von G. Engelmann, 1822.

Les Ateliers des Frères Haussmann à Logelbach (près de Colmar)
Dessin de Jean Mieg, lithographie de G. Engelmann, 1822.

workrooms and later of real textile mills; the industrial boom that ensued transformed the town and the surrounding countryside. By 1760, workrooms were being set up outside the city walls in the valleys of the Vosges mountains.

One of the most important of these was founded at Logelbach, a suburb of Colmar. It belonged to the Haussmann brothers, Jean, a manufacturer, and Jean-Michel, a chemist. Their original workshop in Rouen, set up in 1775, was granted a royal appointment, which went with them to Logelbach when they moved there in 1777. Jean had been trained by Schulé, a German printer from Augsburg. Close links were maintained by the two men and their workrooms: Germany provided the specialist workforce. Technicians, engravers, and designers mixed with the local French workforce to form a first-class team. It was decided that

Portrait of Jean-Michel Haussmann (1749–1824)
Chemist and co-founder of the Établissements Haussmann.

Porträt von Jean-Michel Haussmann (1749–1824)
Chemiker und Mitbegründer der Établissements Haussmann.

Portrait de Jean-Michel Haussmann (1749–1824)
Chimiste et cofondateur des Établissements Haussmann.

det. Sie gehörte den Gebrüdern Haussmann – Jean, dem Hersteller, und Jean-Michel, dem Chemiker. Mit ihrer 1775 eingerichteten, ursprünglichen Werkstatt in Rouen waren sie königliche Hoflieferanten geworden, eine Auszeichnung, die sie mit nach Logelbach nahmen, als sie 1777 dorthin übersiedelten. Jean hatte bei Schulé gelernt, einem deutschen Drucker aus Augsburg. Die beiden Männer und ihre Werkstätten blieben weiterhin in engem Kontakt: Deutschland lieferte die spezialisierten Arbeitskräfte. Techniker, Graveure und Zeichner fügten sich mit den örtlichen französischen Arbeitskräften zu einem erstklassigen Team zusammen. Man beschloss, dass die Werkstätten Luxusgüter herstellen sollten, und die kreierten Muster waren in der Tat einzigartig: Die Drucke hatten höchste Qualität, und gleichzeitig durchgeführte Forschungsarbeiten auf dem Gebiet der Chemie ermöglichten die Verwendung noch nie dagewesener Schattierungen und Farben.

Einige der erhaltenen Originalmuster der Gebrüder Haussmann sind von den Zeichnern oder Graveuren signiert und gelegentlich datiert worden, oder sie tragen eine Nummer, die anzeigt, wann sie kreiert wurden. Die Nachkommen der Gebrüder Haussmann übergaben diese Dokumente und die Stoffe mit den gleichen Mustern dem Musée de l'Impression sur Étoffes. (Auch die weit verbreiteten Musterbücher der Jouy-Werkstätten sind erhalten, im Gegensatz zur Haussmann-Manufaktur haben jedoch nur sehr wenige Exemplare der entsprechenden Stoffe überlebt.)

Die Gebrüder Haussmann konkurrierten mit einigen der in Jouy produzierten Stoffe. 1778 eröffneten sie sogar ein Geschäft in Versailles, das von 1783 bis 1795 von ihrem Bruder Nicolas Haussmann geleitet wurde. Der berühmte Baron Haussmann, der unter Napoléon III. Paris verwandeln sollte, war ein Nachkomme dieses Bruders. Das Ende des Ancien Régime und die Revolution waren für beide Werkstätten Zeiten großer wirtschaftlicher Blüte, trotz aller politischen und ökonomischen

Cape printed in the workrooms of the Haussmann brothers at Logelbach
Cape worn in the Arles region. Marie-Antoinette is said to have worn similar ones at Versailles.

Umhang, in den Werkstätten der Gebrüder Haussmann in Logelbach bedruckt
In der Gegend um Arles getragener Umhang. Angeblich trug Marie-Antoinette in Versailles ähnliche Capes.

Cape imprimée dans les Ateliers des frères Haussmann à Logelbach
Cape portée dans la région d'Arles. Marie-Antoinette en aurait porté de semblables à Versailles.

fut décidé qu'on ne produirait que des articles de luxe, et les dessins créés furent effectivement merveilleux. La qualité d'impression était superbe et les recherches chimiques menées dans le même temps permirent des couleurs et des nuances inégalées.

Quelques-uns des motifs originaux, utilisés par les frères Haussmann, et conservés encore aujourd'hui, ont été signés et parfois datés par le dessinateur ou le graveur ou bien portent un numéro qui indique leur date de création. Ces documents, ainsi que le tissu imprimé du même dessin, ont été légués au Musée de l'Impression sur Étoffes par les descendants des frères Haussmann. (Les albums des motifs de toiles de Jouy, qui ont été dispersés un peu partout, ont aussi survécu mais, contrairement à ce qui

the workrooms would manufacture luxury items, and the patterns created were superb: the quality of the printing was high, and chemical research that was conducted at the same time enabled unprecedented shades and colors to be used.

Some of the original patterns used by the Haussmann brothers that have been preserved were signed and occasionally dated by the designers or engravers, or bear a number showing when they were created. These documents, as well as the fabrics with the same patterns, were given to the Musée de l'Impression sur Étoffes by the descendents of the Haussmann brothers. (The widely dispersed pattern books of the Jouy workrooms have also survived but, in contrast to the Haussmann establishment, only a very few examples of the corresponding fabrics have been preserved.)

The Haussmann brothers competed with some of the fabrics produced in Jouy. They even set up a shop in Versailles in 1778, which was managed by their brother Nicolas Haussmann from 1783 to 1795. The famous Baron Haussmann, who was to transform Paris in the time of Napoléon III, was a descendant of that brother. The end of the *ancien régime* and the Revolution were times of great prosperity for both sets of workrooms, in spite of the political and economic upheaval that was going on at the time. The "shepherdess" fashion initiated by Marie-Antoinette at Versailles ensured the success of printed cotton fabrics. The simplicity and refinement of these fabrics appealed to women and manufacturers were encouraged to produce high-quality motifs.

Fabrics were printed for the French market at Jouy and distributed by wholesalers, but whenever the French market became stagnant, the workrooms exported part of their production. The Haussmann brothers, for their part, geared the greater part of their production towards export to Germany, the Baltic ports, and Russia, leaving only a quarter of their fabrics to be sent via Versailles to Provence. Exports for Central and Northern Europe were traded at the great fairs of Leipzig,

Wirren. Die von Marie-Antoinette in Versailles ins Leben gerufene „Schäferinnen"-Mode sicherte den Erfolg bedruckter Baumwollstoffe: Die Schlichtheit und Feinheit dieser Gewebe gefiel den Frauen, und die Hersteller wurden ermutigt, Motive von hoher Qualität herzustellen.

In Jouy wurden Stoffe für den französischen Markt bedruckt und dann von Großhändlern vertrieben, doch immer, wenn der Absatz in Frankreich stagnierte, exportierten die Werkstätten Teile ihrer Produktion. Die Gebrüder Haussmann richteten den größten Teil ihrer Produktion auf den Export nach Deutschland, den baltischen Häfen und Russland aus; lediglich ein Viertel ihrer Stoffe gelangte über Versailles in die Provence. Exportwaren für Mittel- und Nordeuropa wurden auf den großen Messen von Leipzig, Frankfurt und Augsburg gehandelt, Exportwaren für die Mittelmeerländer auf der berühmten Messe von Beaucaire, gegenüber von Tarascon an der Rhône gelegen. Die Provence ist immer eine Region gewesen, die sich für Baumwolldrucke anbietet: Die Sonne, das normalerweise milde Wetter, die koketten provençalischen Frauen – alles kommt dem Tragen von Baumwollstoffen entgegen, sowohl im Alltag als auch zu besonderen Anlässen. Lockere Blusen, bestickte Röcke, bedruckte Kaliko-Röcke und Umhänge in vorherrschend hellen oder dunklen Farben illustrieren die Verwendungsmöglichkeiten dieser leuchtenden Muster. Zudem sind Beispiele von hohem Prestigewert dieser feinen, in Frankreich bedruckten Gewebe in Kostümsammlungen sowohl in Europa als auch in den Vereinigten Staaten erhalten; eine Tatsache, die beweist, dass französische Mode nicht auf das Gebiet innerhalb der nationalen Grenzen beschränkt blieb, sondern in ganz Europa verbreitet war.

Ein paar Worte sollten zu den damals verwendeten Techniken gesagt werden, denn sie allein erklären, warum man nie müde wird, diese Stücke zu bewundern.

Die ersten bedruckten Kalikos wirkten so anziehend aufgrund ihres Stils, aber auch wegen ihrer

s'est passé pour l'entreprise Haussmann, seuls de rares échantillons de la toile correspondante ont pu être conservés).

Les tissus des frères Haussmann entrèrent en compétition avec quelques-unes des toiles fabriquées à Jouy. Les frères Haussmann allèrent jusqu'à monter une boutique à Versailles en 1778, qui fut dirigée par un troisième frère, Nicolas Haussmann, de 1783 à 1795 et dont le fameux Baron Haussmann, qui, sous Napoléon III, s'était donné pour ambition de transformer Paris, fut un descendant. La fin de l'Ancien Régime et la Révolution furent une période de grande prospérité pour les deux manufactures, Jouy et Hauss-

Endpiece from the Haussmann brothers' workroom
A royal decree of 1785 required that an identifying mark be placed at the beginning and at the end of pieces of printed cotton.

Endstück aus der Werkstatt der Gebrüder Haussmann
Ein königlicher Erlass von 1785 verlangte, dass Anfang und Ende bedruckter Baumwollstoffe mit einer Kennzeichnung versehen wurden.

Fin de coupon, Ateliers des frères Haussmann
Un décret royal de 1785 ordonne que le début et la fin d'une pièce de coton imprimé soient dotés d'une marque identificatrice.

Frankfurt, or Augsburg; exports for the Mediterranean were traded at the famous fair of Beaucaire, opposite Tarascon on the Rhône. Provence has itself always been a favorite region for cotton prints; the sun, the usually clement weather, the coquettishness of Provençal women all favor the wearing of cotton fabrics for both everyday and special occasions. Loose blouses, stitched skirts, printed calico skirts, and capes with predominantly light or dark colors illustrate the uses that were made of these brilliant patterns. Moreover prestigious specimens of these fine fabrics printed in France have been preserved in costume collections both in Europe and the United States, a fact that proves that French fashion was not confined within the national boundaries but spread all over Europe.

One should say a few words about the techniques that were employed at the time. They alone can explain why one never tires of admiring these pieces.

The first printed calicoes were appealing for their style as well as their magical colors which had not been known before in Europe. Indian artists painted directly onto cotton fabrics with the aid of metallic or caustic salts, which would fix certain dyes such as madder. European imitators attempted to discover the secret of fixing bright colors, and successive spies' reports helped the burgeoning industry. From the very beginning, wooden blocks that had been engraved in

magischen Farben, die man noch nie zuvor in Europa gesehen hatte. Indische Künstler malten auf Baumwollstoff unter Zuhilfenahme metallischer oder kaustischer Salze als Fixativ für bestimmte Farben, wie etwa Krapprot. Europäische Nachahmer bemühten sich, das Geheimnis des Fixierens leuchtender Farben zu lüften, und nach und nach eingehende Berichte von Spionen halfen der aufstrebenden Industrie weiter. Von Anfang an wurden geschnitzte Holzblöcke zum Drucken der kaustischen Farben im Hochdruckverfahren verwendet. Mit dem Pinsel arbeitete man nur spärlich und am Ende des Prozesses, um gewisse Farben hinzuzufügen, die nicht erfolgreich gedruckt werden konnten, wie z. B. Blau oder auch Gelb, das man über Blau legte, um ein Grün zu erzielen. In den geschnitzten Holzblock setzte man für den Druck der feineren Musterdetails Streifen und Spitzen aus Messing ein.

Dieser Druckvorgang ist auf dem Jouy-Stoff *Die Arbeitsschritte in der Werkstatt* illustriert; Jean-Baptiste Huet entwarf diesen Stoff im Jahre 1783, als den Werkstätten von Ludwig XVI. ein Königliches Patent verliehen wurde. Die Abbildungen zeigen die einzelnen Arbeitsschritte der Herstellung von bedruckten Stoffen: die Vorbereitung des Baumwolltuchs, das gewaschen, auf der Wiese gebleicht und mit einem Kalander gebügelt wurde; das eigentliche Drucken unter Verwendung von hölzernen

Sample library, Musée de l'Impression sur Étoffes de Mulhouse, France
The documentation center containing three million samples, is open to researchers and manufacturers from all over the world.

Musterbibliothek, Musée de l'Impression sur Étoffes de Mulhouse (Stoffdruck-Museum in Mülhausen), Frankreich
Das Dokumentationszentrum mit drei Millionen Mustern steht Forschern und Herstellern aus der ganzen Welt offen.

La librairie d'échantillons, le Musée de l'Impression sur Étoffes de Mulhouse, France
Ce centre de Documentation contenant trois millions d'échantillons est ouvert aux chercheurs et aux industriels du monde entier.

mann, et ceci en dépit des soulèvements politiques et économiques de cette époque perturbée. La mode de la «bergère» lancée par Marie-Antoinette à Versailles, assura définitivement le succès du calicot dont le raffinement et la délicatesse plaisaient aux dames de qualité, ce qui encouragea les industriels à maintenir pour leurs motifs un très haut niveau de dessin.

Les toiles de Jouy imprimées sur place étaient distribuées sur le marché français par des grossistes, mais, dès que le marché intérieur stagnait, les ateliers exportaient une partie de leur production. Les frères Haussmann, en ce qui les concerne, exportèrent la plus grosse partie de leur production vers le marché allemand, les ports de la Baltique et la Russie; seulement un quart de leurs étoffes transitait par Versailles pour arriver en Provence. Les exportations vers le nord et le centre de l'Europe, étaient commercialisées dans les grandes foires de Leipzig, Francfort, et Augsbourg; les exportations à destination de l'ensemble de la Méditerranée se faisaient à la foire de Beaucaire en face de Tarascon au bord du Rhône. La Provence elle-même avait toujours entretenu des rapports privilégiés avec les cotonnades imprimées. Le soleil, le temps habituellement beau, la coquetterie des femmes provençales, tout favorisait le goût pour les cotonnades imprimées, que ce soit pour la vie de tous les jours, ou pour une occasion plus exceptionnelle. Des blouses amples, des jupes piquées, des jupes de calicot fleuries et des capes alternant les couleurs sombres ou claires, témoignent de la diversité de l'utilisation de ces dessins chatoyants. Fort heureusement, des échantillons prestigieux de ces tissus délicats imprimés en France ont été conservés dans les collections de costumes d'époque en Europe et aux États-Unis, témoignant que la mode française n'était pas confinée à l'intérieur des frontières nationales mais avait bien conquis toute l'Europe.

On se doit de donner quelques mots d'explication sur les techniques qui étaient employées à l'époque. Elles seules permettront

relief were used to print the caustic dyes, and brushwork was used more sparingly at the end of the process to add certain dyes which could not be printed successfully such as blue, or yellow which produces green when laid over blue. Brass strips or spikes were placed onto the carved blocks for the printing of the finer details of the patterns.

This printing process was illustrated in one of the Jouy fabrics, *The Stages of Work in the Workroom*, a fabric designed by Jean-Baptiste Huet in 1783 when the workrooms were granted, by the grace of Louis XVI, a Royal patent. It depicts the various stages in the fabric's manufacture: the preparation of the cotton cloth, which is washed, bleached in the meadows, and ironed with a calender; the printing itself, using either wooden blocks or copper plates; and the chemical processes whereby the colors are made resistant to light and to washing, that is, "properly dyed." After the final cleaning stages, the fabric was placed back onto a table so that women using paintbrushes could finish working on the colors; it was then made shiny by the use of starch and wax, which made it sparkle. The last stage before packing was to stamp the mark of the workroom onto the material.

The use of copper plates was perfected in Ireland in 1752 and then in England. The engraved copper plate was placed onto a press and the fabric was placed over it to be printed. The patterns obtained in this way were larger and generally monochrome, with very fine detail, but as copper was more expensive, this technique was reserved for classic patterns that were slow to go out of style, and carved blocks were used for fashionable items that were subject to frequent changes. Some of the patterns used in Jouy were repeatedly re-engraved as the copper plates wore out, their popularity sometimes lasting for twenty years or more. In 1783, Thomas Bell perfected the copper roller that enabled the Jouy workroom to print small patterns first using one and subsequently two or more colors much more rapidly. The use of the roller would undergo a tremendous expansion in the nineteenth century as would the use

Druckstöcken oder Kupferplatten; schließlich die chemischen Verfahren, mit denen die Stoffe licht- und waschecht gemacht, das heißt „richtig gefärbt" wurden. Nach abschließender Reinigung breitete man den Stoff wieder auf Tischen aus, damit Frauen den Farben mit einem Pinsel den letzten Schliff geben konnten; Stärke und Wachs brachten das Gewebe zum Glänzen. Als letzter Arbeitsschritt vor der Verpackung wurde dem Stoff der Stempel der Werkstatt aufgedrückt.

1752 perfektionierte man zuerst in Irland, dann auch in England das Druckverfahren mit Kupferplatten. Die fertig gravierte Platte wurde auf eine Presse gelegt und das Gewebe darüber ausgebreitet. Die so erzielten Muster waren größer, gewöhnlich monochrom und enthielten sehr feine Details; da Kupfer jedoch teuer war, blieb diese Technik für den Druck klassischer, nicht so schnell aus der Mode kommender Muster reserviert. Für modische, einem häufigen Wandel unterworfene Artikel verwendete man hingegen hölzerne Druckstöcke. Wegen der Abnutzung der Kupferplatten mussten einige Muster von Jouy wieder und wieder neu graviert werden, denn ihre Popularität hielt bisweilen 20 Jahre und länger an. 1783 perfektionierte Thomas Bell die Kupferwalze, die der Werkstatt in Jouy den Druck kleiner Muster ermöglichte, indem zuerst eine, anschließend zwei oder mehr Farben in weitaus schnellerem Wechsel als je zuvor verwendet wurden. Der Einsatz der Walze weitete sich im Laufe des 19. Jhs. ungemein aus, ebenso die Verwendung von Kupferplatten. Die in diesem Buch veröffentlichten Muster jedoch wurden alle für den Druck von Holzblöcken entworfen.

*W*elche Muster wurden gedruckt? Wie man hier sehen kann, basierten sie überwiegend auf Blumenmotiven. Ganz besonders ließen sich die Europäer von den echten bedruckten Kalikos zu ihren fein stilisierten, orientalischen Motiven inspirieren; jede Blume wurde von einem sanft geschwungenen Stiel getragen, der Hintergrund war sommerlich weiß; oder man wählte den schwarzen „Schornsteinfeger-Grund", der zugleich elegant war und weniger

de comprendre pourquoi on ne se lasse pas d'admirer ces pièces.

Les premiers calicots imprimés attiraient surtout à cause de leurs couleurs magiques et de leur style qui étaient sans équivalent en Europe. Les artistes indiens peignaient directement sur les cotonnades à l'aide de sels métalliques ou de mordants qui fixaient certaines teintures comme l'alizarine. Les imitateurs européens cherchèrent à découvrir le secret de la fixation des couleurs vives et les rapports successifs d'espions aidèrent cette industrie bourgeonnante. Dès le départ, on s'aperçoit que les planches de bois qui étaient gravées en relief furent utilisées pour imprimer les teintures caustiques, le travail au pinceau n'intervenant qu'à la fin du processus, de manière limitée, pour ajouter certaines teintes telles que le bleu ou le jaune, qui donnait du vert quand on le rajoutait au bleu. On plaçait des bandes ou des pointes de cuivre sur les planches sculptées pour permettre l'impression des détails les plus petits du motif. Ce procédé d'impression est illustré par les motifs d'une des toiles de Jouy: *Les Étapes du travail à l'atelier*, créée par Jean-Baptiste Huet en 1783 quand Louis XVI accorda, la même année, la grâce d'une patente royale. Cette toile dépeint les différentes étapes dans la fabrication des tissus: la préparation de la toile de coton qui est lavée, blanchie dans les prés, et repassée avec un laminoir; le moment de l'impression lui-même, à l'aide de planches de bois ou de plaques de cuivre; enfin le procédé chimique «grand teint» qui permettait aux couleurs de conserver leur brillance et leur vivacité et de résister à la lumière et aux lavages. Après un dernier lavage, on replaçait la toile sur une table de façon à ce que les ouvrières puissent faire les finitions nécessaires au pinceau. On la rendait alors chatoyante grâce à l'utilisation de cire et d'empois qui la faisaient briller. La dernière étape avant l'emballage consistait à estampiller la marque de fabrique sur le tissu.

L'utilisation de plaques de cuivre fut mise au point en Irlande en 1752 puis reprise en Angleterre. La plaque de cuivre gravée était placée sur une presse, et le tissu était disposé dessus, prêt pour l'impression. Les motifs obtenus grâce à ce procédé

of copper plates. The patterns published in this book were all designed to be printed with wooden blocks.

What kinds of patterns were printed? As we can see here, they were basically floral. First of all, Europeans drew inspiration from true printed calicoes with their finely stylized Oriental motifs in which every flower was balanced by a gently curving stem, on a white summery ground, or on a black "chimneysweep" ground that was elegant and much more difficult to soil. The years 1790 to 1795 saw the appearance at Jouy and at the Haussmann workrooms of flowers that came straight from the plates of the *Methodical Botanical Encyclopaedia* (1782–1823) of Jean Lamarck, which had been drawn by such great flower painters as the famous Redouté. The workrooms' draftsmen carefully traced roses, daisies, sweet peas. They combined them with fruit, such as strawberries and apples, which they drew, showing no concern for the seasons, next to their own blossoms. Other motifs stood out against a background of dark twigs: the *bonnes herbes* (fine herbs) that elegant ladies were so fond of. These popular motifs were reprinted over a long period of time and were even copied by workrooms that were less discriminating in what they produced. More complex motifs were adorned with shells and decorated with fine bunches of flowers of Oriental origin. The designers successfully combined landscapes, birds, and trees, ignoring all sense of scale.

In 1766, the calico manufacturer Jean Ryhiner from Basle wrote that, "Nothing is more difficult than the choice of pattern because two quite different qualities have to be combined in any pattern: it should appeal to the buyer by its elegance and please the printer by the ease with which it can be executed." If it is difficult to know how the printer would react to the designs in this book, they leave us in no doubt as to the purchaser's reaction. The charm of patterns such as these has managed to endure through the centuries, giving ample proof, if such proof were needed, of their quality.

leicht sichtbar verschmutzte. In den Jahren von 1790 bis 1795 tauchten in Jouy und in den Haussmann-Werkstätten Blumen auf, die direkt von den Platten der *Encyclopédie Botanique Méthodique* (1782–1823) Jean Lamarcks stammten und von großen Blumenmalern wie dem berühmten Redouté gezeichnet worden waren. Die Zeichner der Werkstätten erarbeiteten sorgfältige Abbildungen von Rosen, Gänseblümchen und Wickenblüten, die sie mit Früchten wie Erdbeeren und Äpfeln kombinierten und ohne Rücksicht auf jahreszeitliche Abläufe neben ihre Blüten setzten. Andere Motive hoben sich von einem Hintergrund aus dunklen Zweigen ab: die bei den eleganten Damen so geschätzten *bonnes herbes* („guten Kräuter"). Diese beliebten Motive wurden lange Zeit immer wieder gedruckt und sogar von Werkstätten kopiert, die in ihrer Produktion weniger wählerisch waren. Komplexere Motive erhielten einen Schmuck aus Muscheln und zarten Blumengebinden orientalischen Ursprungs. Die Zeichner kombinierten mit großem Erfolg Landschaften, Vögel und Bäume, wobei sie Größenunterschiede schlicht ignorierten.

Im Jahre 1766 schrieb der Kaliko-Hersteller Jean Ryhiner aus Basel: „Nichts ist schwieriger als die Musterwahl, denn in jedem Muster müssen zwei recht verschiedene Eigenschaften kombiniert werden: Es sollte dem Käufer aufgrund seiner Eleganz gefallen, und zugleich dem Drucker aufgrund der Einfachheit seiner Ausführung entgegenkommen." Wie ein Drucker die Dekors in diesem Buch beurteilen würde, mag schwer einzuschätzen sein; über die Reaktion der Käufer kann kein Zweifel bestehen. Der Charme dieser Muster hat die Jahrhunderte überdauert und damit ausreichend bewiesen – wenn ein solcher Beweis überhaupt nötig ist – von welch hoher Qualität sie sind.

étaient plus grands et généralement monochromes, remplis de détails très délicats, mais parce que le cuivre était plus cher, cette technique était destinée aux motifs classiques dont les thèmes récurrents perduraient, et on réservait le procédé des planches de bois à des articles plus au goût du jour et susceptibles de suivre davantage les fluctuations de la mode. Quelques-uns des motifs gravés à Jouy, étaient régulièrement regravés au fur et à mesure de l'usure des plaques de cuivre, la popularité de leurs motifs perdurant parfois plus de 20 ans. En 1783, Thomas Bell perfectionna le rouleau de cuivre qui permit à la manufacture de Jouy d'imprimer des motifs plus petits d'une manière bien plus rapide en utilisant d'abord une, puis deux couleurs et plus. L'utilisation des rouleaux, ainsi que celle des plaques de cuivre connaîtra une expansion formidable au XIXe siècle. Les motifs publiés dans cet ouvrage étaient tous destinés à être imprimés avec des planches de bois.

Quelle sorte de motifs choisissait-on d'imprimer? Comme nous pouvons le constater dans ce volume, ils étaient essentiellement floraux. En premier lieu, les Européens allèrent chercher leur inspiration sur les «indiennes» véritables, avec leurs dessins exotiques finement stylisés où chaque fleur se balançait sur une souple tige incurvée, tantôt sur un fond printanier blanc, tantôt sur un fond «ramoneur», élégant et bien moins salissant. Les années 1790 à 1795 virent l'apparition dans les manufactures de Jouy, aussi bien que dans celles d'Haussmann, de fleurs qui étaient tirées directement des planches de l'*Encyclopédie Botanique Méthodique* (1782–1823) de Jean Lamarck, planches dessinées par des peintres aussi prestigieux que le fameux Redouté. Les dessinateurs industriels recopiaient soigneusement des roses, des pois de senteur et des marguerites. Ils les combinaient avec des fruits comme les fraises et les pommes, qu'ils dessinaient, sans souci de la réalité des saisons, à côté de leurs propres fleurs. D'autres motifs se détachaient sur un fond de tiges brunes. Ce sont les «bonnes herbes» dont les dames élégantes étaient tellement entichées. Ces

1. *Roses, bindweed, and sweet peas on foliage/Rosen, Winden und Wicken vor Laubwerk/Roses, pois de senteur, et herbes sur feuillage* (no. 38 D, S.151 p.10)
Haussmann workrooms, 1797
Gouache on paper

3. *Roses, cornflowers, and white corollas/ Rosen, Kornblumen und weiße Korollas/ Roses, bleuets et corolles blanches*
(S. 151, p. 24)
Alsace, ca. 1805
Gouache

2. *Interweaving of flowers, roses, doves, and landscape/Geflecht aus Blumen, Rosen, Tauben und Landschaft/Tissage de fleurs, de roses, de colombes et de paysages*
(no. 1347, S.150 p.145)
Haussmann workrooms, 1796
Gouache on paper

4. *Printed calico with white background/ Weißgrundiger, bedruckter Kattun/Calicot imprimé sur fond blanc*
(no. 203 C, S.150 p.12)
Haussmann workrooms, ca.1780
Gouache on paper

5. *Strawberries, roses, and white flowers/ Erdbeeren, Rosen und weiße Blüten/Fraises, roses et fleurs blanches*
(S. 151 p. 6)
Alsace, ca.1805
Gouache

motifs populaires réimprimés seront même copiés par des manufactures moins scrupuleuses sur la qualité du travail. Des dessins plus complexes montrent des décorations de coquillages et de délicats bouquets de fleurs exotiques. Les dessinateurs y mélangeaient avec succès les paysages, les oiseaux et les arbres sans se préoccuper de respecter une échelle quelconque.

En 1766 à Bâle, le directeur d'une manufacture de calicot, Jean Ryhiner, écrit: «Rien n'est plus difficile que de choisir un motif car tous les dessins doivent combiner deux qualités contradictoires: satisfaire l'acheteur par leur élégance et plaire à l'imprimeur par leur facilité d'exécution.» Il est difficile de savoir comment l'imprimeur réagirait à la vue des dessins présentés dans cet ouvrage, mais nous n'avons aucun doute quant à la réaction du lecteur. Le charme de motifs tels que ceux-là ne s'est toujours pas démenti après tant d'années, faisant la preuve une fois de plus, s'il en était besoin, de leur qualité inaltérée.